Chansons thématiques pour apprendre la langue

vol. 1

par Tracy Irwin
Musique de Sara Jordan

Réalisé et publié par
Sara Jordan Publishing

une division de

℗© 2000 Jordan Music Productions Inc.
(SOCAN)

ISBN 1 - 894262 - 37 - 9

Remerciements

Auteure - Tracy Irwin
Compositrice et productrice - Sara Jordan
Chanteur - Peter Lebuis
Chanteuse - Natalia Evans
Accompagnement vocal - Jessica Jordan-Brough
Ingénieur du son - Mark Shannon, The Treefort
Révision des textes - Marjelaine Caya
Conception et graphisme - Campbell Creative Services
Illustrateur - Alex Filipov
Mise en pages - Darryl Taylor
Sincères remerciements à Mark Shannon pour son excellente programmation des arrangements.

Enregistrement et mixage : The Treefort,
                            Toronto (Ontario)

Pour obtenir de plus amples renseignements, veuillez communiquer avec :

Jordan Music Productions Inc.
M.P.O. Box 490
Niagara Falls, NY
U.S.A. 14302-0490

Jordan Music Productions Inc.
Succursale M, C.P. 160
Toronto (Ontario) M6S 4T3
Canada

www.sara-jordan.com
sjordan@sara-jordan.com
téléphone : 1-800-567-7733

À Victoria, Hunter,
Kaleb et Noa.

Nous reconnaissons l'aide financière du
gouvernement du Canada par l'entremise du
Programme d'aide au développement de
l'industrie de l'édition pour nos activités d'édition.

Canada

Table des matières

Introduction aux

enseignants et parents

*C*hansons thématiques pour apprendre la langue, *volume 1* est une excellente ressource pédagogique pour enrichir le vocabulaire et motiver les enfants de n'importe quel âge à s'exprimer en français. Les refrains entraînants favorisent l'interaction sociale et la mémorisation des mots qui se rapportent aux salutations, aux expressions communes, à l'amitié, aux moyens de transport, aux vêtements, à la nourriture, au temps, aux parties du corps, aux animaux domestiques, aux pièces d'une maison et aux prépositions.

Cette trousse d'activités et de chansons facilite l'apprentissage de la matière. La musique s'entrelace aux trois domaines du français, c'est-à-dire la lecture, l'écriture et la communication orale. Comme les chansons engagent l'enfant dans un contexte particulier, les mots et les phrases s'intègrent de façon naturelle dans son répertoire de communication. L'enfant peut ainsi transférer ses nouvelles acquisitions à l'écrit.

Puisque la trousse inclut une version instrumentale de chaque chanson, l'enfant pourra aiguiser son acuité auditive et sa capacité de raisonnement et explorer toute une gamme d'émotions et d'idées en composant de nouvelles paroles. La version instrumentale peut aussi être utilisée pour préparer des spectacles.

Ces chansons et ces activités éveilleront sûrement le goût d'apprendre chez l'enfant!

Quelques suggestions :

Il y a plusieurs façons d'utiliser cette trousse. Les chansons peuvent servir, par exemple, à aborder un thème ou une activité, ou encore à appuyer l'apprentissage de la langue tout au long de l'année. Voici quelques suggestions :

Activités d'introduction

- présentez le sujet à l'aide d'images et d'objets
- organisez une séance de remue-méninges sur le thème abordé
- lisez les paroles avec les élèves
- faites jouer la version instrumentale et demandez aux élèves de deviner le sujet

Activités complémentaires

- offrez aux élèves la possibilité d'écouter les chansons à l'extérieur de la classe
- élaborez un spectacle musical que vous pourrez filmer sur vidéo
- demandez aux élèves de mimer les chansons ou composez une chorégraphie s'inspirant du thème d'une chanson particulière
- incitez les élèves à composer leurs propres paroles et à les chanter sur la version instrumentale.

Vous cherchez d'autres façons de motiver les élèves à apprendre la langue? Encouragez-les à communiquer par l'entremise d'Internet. Grâce à ce moyen de communication, ils pourront faire la connaissance d'autres élèves du Canada, d'Europe, d'Asie ou d'Afrique. Ainsi, ils développeront une meilleure compréhension du monde, tout en renforçant leur apprentissage de la langue.

Visitez notre site : www.sara-jordan.com

Chansons thématiques

refrain :

C'est le temps de commencer.
Tous ensemble on va chanter.
Oui, c'est bien intéressant,
lorsqu'on apprend en chantant.

Il y a toute une variété.
Plusieurs thèmes, les voici!
Tous ensemble, on va chanter.
Chansons thématiques, allons-y!

On te souhaite la bienvenue.
Nos chansons ont plusieurs buts.
De chanter et de s'amuser
En apprenant tout en chantant.

Les amitiés et les vêtements,
les moyens de transport et le temps,
des prépositions, des expressions,
les clés de la communication.

refrain :

N° 2

La communication

chanter 2x : Peux-tu dire «Bonjour»
                  et puis «Bon après-midi»?
                  Peux-tu dire «Bonsoir»?
                  Peux-tu dire «Bonne nuit»?

Je peux dire «Bonjour».
et puis «Bon après-midi».
Je peux dire «Bonsoir».
Je peux dire «Bonne nuit».

On peut dire «Bonjour».
et puis «Bon après-midi».
On peut dire «Bonsoir».
On peut dire «Bonne nuit».

instrumental

chanter 2x :   Peux-tu dire «Allô.
               C'est un plaisir de te voir»?
               Peux-tu dire «Il fait beau»?
               Peux-tu dire «Au revoir»?

Je peux dire «Allô.
C'est un plaisir de te voir»
Je peux dire «Il fait beau».
Je peux dire «Au revoir».

On peut dire «Allô.
C'est un plaisir de vous voir».
On peut dire «Il fait beau».
On peut dire «Au revoir».

Exercices

Démêlez ces mots

U N B O O R J

_ _ _ _ _ _ _

Bon

P È S A R - D I M I

_ _ _ _ _ _ - _ _ _ _

N B O R S O I

_ _ _ _ _ _ _

Bonne-

T I N U

_ _ _ _

LÔLA

— — — —

Il fait

EUBA

— — — —

C'est un plaisir de te

RVIO

— — — —

Au

ORERVI

— — — — — —

N° 3

Les expressions communes

Pouvez-vous m'aider?
Je dois trouver
le chemin
vers l'aéroport,
s'il vous plaît.

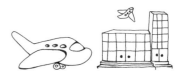

Pouvez-vous m'aider?
Je dois trouver
comment me rendre
à la gare
pour prendre le train.

refrain :

Les autobus, les avions,
les métros à leurs stations,
l'hôpital, le centre d'achats,
il y a plusieurs endroits.

Le dentiste et le médecin,
la banque et la salle de bain,
les cafés, les restaurants,
quelle route doit-on prendre?

Pouvez-vous m'aider?
Je dois trouver
comment me rendre
chez le médecin.
Je ne suis pas bien.

Pouvez-vous m'aider?
Je dois trouver
comment me rendre
chez le dentiste.
J'ai mal aux dents.

refrain :

Pouvez-vous m'aider?
Je dois trouver
le chemin vers l'épicerie.
Je vous remercie.

Pouvez-vous m'aider?
Je dois trouver
comment me rendre
aux toilettes.
Ça presse!

refrain :

Exercices

MOTS CROISÉS

INDICES :

HORIZONTAL :

2.
(l') hôpital

6.
(le) médecin

7.
(l') avion

8.
(l') épicerie

10.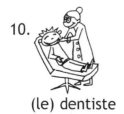
(le) dentiste

VERTICAL :

1.
(la) banque

3.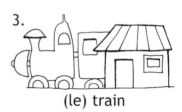
(le) train

4.
(les) toilettes

5.
(le) restaurant

9.
(l') autobus

N° 4

Les moyens de transport

refrain 2x :

Je vais aller voir mon ami(e).
Je ne l'ai pas vu(e) depuis longtemps.
Je vais y aller dès aujourd'hui.
Mon ami(e) me manque tellement.

Je prendrai l'avion

ou peut-être le train

ou même l'autobus.
Je n'en sais rien!

J'irai en vélo

ou peut-être à pied

ou même en bateau s'il fait beau!

refrain :

J'irai en voiture
ce ne sera pas trop dur,
ou bien en camion
comme de raison.

Mon ami m'attend.
Je dois être à temps
car on compte
vraiment sur moi!

refrain :

Nº 5

Les vêtements

Où sont mes chaussettes?
As-tu vu mes chaussettes?
Quel malaise!
Je ne les vois pas.
N'étaient-elles pas
sur cette chaise?
Où sont mes chaussettes?

Où sont mes souliers?
As-tu vu mes souliers?
Quel malaise!
Je ne les vois pas.
N'étaient-ils pas
sur cette chaise?
Où sont mes souliers?

Où est mon pantalon?
As-tu vu mon pantalon?
Quel malaise!
Je ne le vois pas.
N'était-il pas
sur cette chaise?
Où est mon pantalon?

Chansons thématiques vol. 1   © 2000 Sara Jordan Publishing

Où sont mes bottes?
As-tu vu mes bottes?
Quel malaise!
Je ne les vois pas.
N'étaient-elles pas
sur cette chaise?
Où sont mes bottes?

Où sont mes gants?
As-tu vu mes gants?
Quel malaise!
Je ne les vois pas.
N'étaient-ils pas
sur cette chaise?
Où sont mes gants?

Où est ma jupe?
As-tu vu ma jupe?
Quel malaise!
Je ne la vois pas.
N'était-elle pas
sur cette chaise?
Où est ma jupe?

Où est ma robe?
As-tu vu ma robe?
Quel malaise!
Je ne la vois pas.
N'était-elle pas
sur cette chaise?
Où est ma robe?

Où est mon chandail?
As-tu vu mon chandail?
Quel malaise!
Je ne le vois pas.
N'était-il pas
sur cette chaise?
Où est mon chandail?

Où est mon châle?
As-tu vu mon châle?
Quel malaise!
Je ne le vois pas.
N'était-il pas
sur cette chaise?
Où est mon châle?

Où est mon manteau?
As-tu vu mon manteau?
Quel malaise!
Je ne le vois pas.
N'était-il pas
sur cette chaise?
Où est mon manteau?

Où est mon chapeau?
As-tu vu mon chapeau?
Quel malaise!
Je ne le vois pas.
N'était-il pas
sur cette chaise?
Où est mon chapeau?

Exercices

MOTS CROISÉS

INDICES :

HORIZONTAL :

3.

(les) chaussettes

6.

(le) pantalon

8.

(les) gants

9.

(le) chapeau

VERTICAL :

1.

(la) robe

2.

(des) bottes

4.

(les) souliers

5.

(la) jupe

6.

(le) chandail

9.

(le) châle

N° 6

Les repas

Enfants : «*C'est quand le petit déjeuner?*»

Adulte : «*Allez mettre la table.*»

Enfants : «*C'est quand le petit déjeuner?*»

Adulte : «*Allez mettre la table.*»

refrain 2x : «*Aidez-moi à mettre la table.
Je sais que vous êtes capables.
Vous pouvez mettre la table
tout de suite, s'il vous plaît!*»

Il faut une tasse
et une soucoupe

un bol et une assiette aussi,

un verre d'eau, un couteau,

une fourchette et une cuillère.

On va s'asseoir pour manger
des œufs ou du pain doré,
de la confiture, des croissants,
du jus, du thé ou du café.

2x : Enfants : «C'est quand le déjeuner?»
   Adulte : «Allez mettre la table.»

refrain 2x : «Aidez-moi à mettre la table.
          Je sais que vous êtes capables.
          Vous pouvez mettre la table
          tout de suite, s'il vous plaît!»

Il faut une tasse
et une soucoupe,
un bol et une assiette aussi,
un verre d'eau, un couteau,
une fourchette et une cuillère.

Du pâté ou de la pizza,
une salade, une soupe aux pois,
des sandwichs au saumon,
des frites et du poisson.

2x :   Enfants : «C'est quand le dîner?»
        Adulte : «Allez mettre la table.»

refrain 2x : «Aidez-moi à mettre la table.
                Je sais que vous êtes capables.
                Vous pouvez mettre la table
                tout de suite, s'il vous plaît!»

Il faut une tasse
et une soucoupe,
un bol et une assiette aussi,
un verre d'eau, un couteau,
une fourchette et une cuillère.

Des pommes de terre ou du riz,
un rôti de bœuf, du poulet frit.
Mais attention, ce n'est pas fini,
pour dessert, une tarte aux fruits.

2x :   Enfants : «On a fini!»
        Adulte : «Débarrassez la table.»

refrain 2x : «Aidez-moi à nettoyer.
                Je sais que vous êtes capables.
                Débarrassez cette table
                sans plus tarder.»

Exercices

Démêlez ces mots - Le petit déjeuner

du pain

O D É R

_ _ _ _

un

A F C É

_ _ _ _

un

É T H

_ _ _

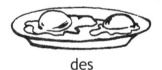

des

U E F S O

_ _ _ _ _

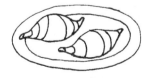

des

S I O C T N S S R A

_ _ _ _ _ _ _ _ _ _

Exercices

Démêlez ces mots - Le déjeuner

du

ÂTPÉ

_ _ _ _

une

USOEP

_ _ _ _ _

une

ZAPZI

_ _ _ _ _

des frites et du

SOONISP

_ _ _ _ _ _ _

une

AADLES

_ _ _ _ _ _

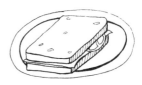

un

NHCDSWAI

_ _ _ _ _ _ _ _

Démêlez ces mots - Le dîner

du

Z R I

__ __ __

des pommes de

R E E T R

__ __ __ __ __

un rôti de

E F B O U

__ __ __ __ __

du poulet

I R T F

__ __ __ __

une tarte aux

U R I S T F

__ __ __ __ __ __

Nº 7

Le temps /
Les parties du corps

refrain 2x :

Quand il fait un temps de fou
mes vêtements me protègent beaucoup.
Protègent ma tête, mes yeux, mon nez,
mes épaules, mes genoux, mes pieds.

Il y a tellement de pluie
que je suis tout(e) mouillé(e).
J'aurais dû apporter
mon beau parapluie.

C'est très enneigé.
La terre est toute gelée.
Je porte mes bottes d'hiver.
Elles protègent mes pieds.

refrain 2x :

Lorsqu'il fait très froid,
je porte mon manteau
et c'est la raison pourquoi
j'ai quand même chaud.

Lorsqu'il fait beau
et qu'il fait vraiment chaud,
je porte mes culottes courtes
et je bois de l'eau.

refrain :

Exercices

Identifiez ces objets.

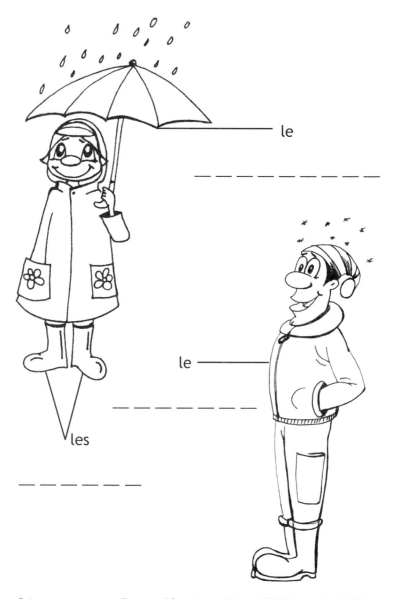

le _____

_ _ _ _ _ _ _ _ _ _

le _____

_ _ _ _ _ _ _ _

les

_ _ _ _ _ _ _

Nommez ces parties du corps.

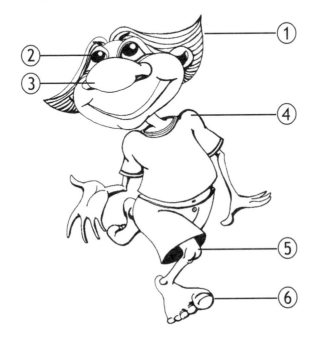

① _____ ④ _____

② _____ ⑤ _____

③ _____ ⑥ _____

Les animaux domestiques / Les pièces de la maison

Avez-vous vu mon petit chat?
Est-il perdu dans la maison?

refrain :

*Il n'est pas dans ma chambre,
ni dans le couloir,
pas dans la cuisine,
je veux le revoir.*

*Il n'est pas dans le salon,
ou dans la salle de travail,
pas au sous-sol,
je ne veux pas qu'il s'en aille.*

*Reviendra-t-il mon compagnon,
si je l'appelle par son nom?*

*Car je l'aime bien,
mon petit ami
et je n'y peux rien
sans lui!*

Avez-vous vu mon petit chien?
Il semble s'être perdu.
J'espère qu'il n'est pas loin.

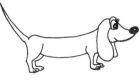

refrain :

Il n'est pas dans ma chambre …

Avez-vous vu mon petit lapin?
Je ne l'ai pas vu
depuis hier matin.

refrain :

Il n'est pas dans ma chambre …

Avez-vous vu ma belle tortue?
Il y a longtemps
que je l'ai vue.

refrain :

Elle n'est pas dans ma chambre,
ni dans le couloir,
pas dans la cuisine,
je veux la revoir.

Elle n'est pas dans le salon,
ou dans la salle de travail,
pas au sous-sol,
je ne veux pas qu'elle s'en aille.

Reviendra-t-elle, ma compagne,
si je l'appelle par son nom?

Car je l'aime bien,
ma petite amie
et je n'y peux rien
sans elle!

Avez-vous vu mon petit oiseau?
Il s'est envolé un peu trop haut.

refrain :

Il n'est pas dans ma chambre
ni dans le couloir,
pas dans la cuisine,
je veux le revoir.

Il n'est pas dans le salon,
ou dans la salle de travail,
pas au sous-sol,
je ne veux pas qu'il s'en aille.

Reviendra-t-il, mon compagnon,
si je l'appelle par son nom?

Car je l'aime bien,
mon petit ami
et je n'y peux rien
sans lui!

Exercices

MOTS CROISÉS

INDICES :

HORIZONTAL :

3.
(l') oiseau

4.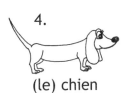
(le) chien

VERTICAL :

1.
(la) tortue

2.
(le) lapin

4.
(le) chat

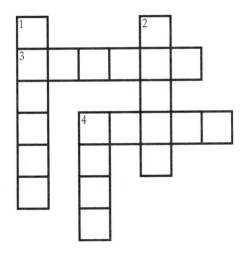

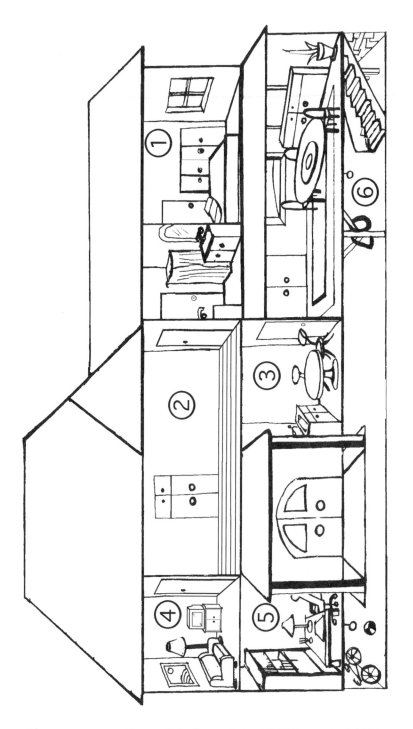

Exercices

Nommez les pièces de la maison

① _____

② _____

③ _____

④ _____

⑤ _____

⑥ _____

N° 9

Les prépositions

refrain 2x :

Peu importe où va ma chatte,
ça peut être une préposition.

Elle aime bien se mettre les pattes
dans mon lit sans ma permission.

> *2x :* *La préposition est le premier mot*
> *de la réponse*
> *que j'obtiens tout simplement*
> *en posant les questions suivantes :*

style rap :

> *2x :* *Comment? Pourquoi? Où? Quand?*
> *De qui? Et de quoi?*
> *Comment? Pourquoi? Où? Quand?*
> *De qui? Et de quoi?*

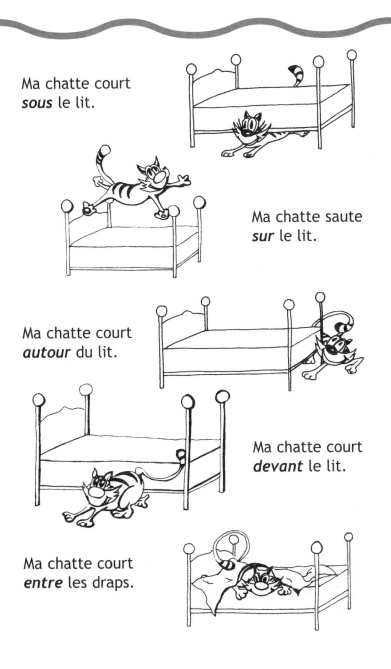

Ma chatte court *sous* le lit.

Ma chatte saute *sur* le lit.

Ma chatte court *autour* du lit.

Ma chatte court *devant* le lit.

Ma chatte court *entre* les draps.

Ma chatte court
hors du lit.

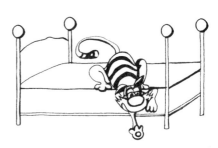

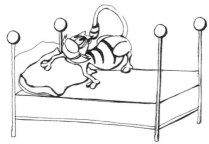

Ma chatte court
vers l'oreiller.

Ma chatte saute
du lit.

Elle saute *parmi*
les coussins.

Et pendant
qu'elle est *au* lit,

elle demande
de façon polie
quand elle
sera nourrie.

refrain 2x :

2x : *La préposition est le premier mot
de la réponse
que j'obtiens tout simplement
en posant les questions suivantes :*

style rap :

2x : *Comment? Pourquoi? Où? Quand?
De qui? Et de quoi?
Comment? Pourquoi? Où? Quand?
De qui? Et de quoi?*

Informez-vous auprès de votre détaillant pour obtenir les excellents programmes de Sara Jordan Publishing.

Bilingual Songs, vol. 1 and 2

Ces deux volumes complémentaires offrent un excellent moyen d'apprendre une langue seconde tout en s'amusant. Le volume 1 enseigne l'alphabet, les chiffres de un à dix, les jours de la semaine, les mois de l'année, les couleurs, la nourriture, les animaux, les parties du corps, les vêtements et les membres de la famille. Le volume 2 aborde les chiffres de un à 30, les dizaines, les formes, les tailles, les émotions, les lieux communs, les mesures et les contraires.
En anglais - espagnol et anglais - français

Français pour débutants^MC

Chansons dynamiques traitant de l'alphabet, des chiffres, des parties du corps, des membres de la famille, des couleurs, des formes, des fruits et plus encore. Ce volume permettra aux débutants de tous les âges d'apprendre plus facilement le vocabulaire de base. Les versions instrumentales permettent aux étudiants de créer leurs propres chansons et de les présenter en spectacle «Karaoke». En français, anglais ou espagnol.

Folies phoniques... et plus^MC, vol. 1, Initiation à la lecture

Disponible en cassette individuelle ou dans une trousse, ce volume traite de sujets variés comme l'alphabet, les voyelles, les consonnes, l'heure, les jours de la semaine, les mois, etc. En français, anglais ou espagnol.

Des airs de grammaire^MC

Recueil de 10 chansons qui traitent des différents aspects de la langue, des structures de la phrase, et de la conjugaison des verbes au présent et au passé. Le livret contient des activités et des jeux. Les versions instrumentales permettent aux étudiants de créer leurs propres paroles et de les présenter en spectacle «Karaoke». En français, anglais ou espagnol.

Conjuguons en chansons^MC

Cette trousse pédagogique traite de notions de base telles que le rôle, les formes, et les temps variés des verbes les plus communs Les versions instrumentales des chansons permettent aux étudiants de composer leurs propres paroles et de les présenter en spectacle «Karaoke». En français ou espagnol.

Le Rap 3R^MC

Le Rap 3R se veut à la fois éducatif et divertissant. Disponible en cassette individuelle ou en trousse, il aborde des sujets comme les tables de multiplication de 2 à 12, les ordinateurs, la pollution, le bruit et le respect de soi. En français ou anglais.

French Lessons and Activities for Beginning Classes vol. 1, Les saisons - Seasons

Le français à travers tout le curriculum! Égayez vos classes toute l'année avec des leçons sur le thème des saisons, accompagnées d'activités à reproduire. Des dictées, des exercices de conjugaison au présent (verbes en er, ir, re et auxiliaires avoir et être), des jeux de recherche de mots, des mots croisés, des projets manuels et des jeux énigmes consolident l'acquisition des connaissances sur les thèmes développés : la migration, l'hibernation, le printemps et le sirop d'érable, l'automne et les feuillus, les équinoxes et les solstices, et d'autres!

French Lessons and Activities for Beginning Classes vol. 2, Les fêtes - Holidays

Le français à travers tout le curriculum! Célébrez toute l'année avec des leçons sur le thème des fêtes, accompagnées d'activités à reproduire. Des dictées, des exercices de conjugaison au présent (verbes en er, ir, re et auxiliaires avoir et être), des jeux de recherche de mots, des mots croisés, des projets manuels et des jeux énigmes consolident l'acquisition des connaissances sur les thèmes développés : Halloween, l'Action de grâce, le Ramadan, Hanoukka, Noël, Kwanzaa, les célébrations du nouvel an, la Saint-Valentin, Pâques et d'autres!

Celebrate the Human Race^MC

*** Gagnant du prix du directeur! ***

Les SEPT MERVEILLES NATURELLES DU MONDE aborde la vie des enfants de différents pays à l'aide de chansons et d'un livre d'activités. Chaque chanson est écrite dans un style musical représentant le pays étudié. En anglais.

Lullabies Around the World^{MC}

*** Gagnant du prix du parent! ***
*** Gagnant du prix du directeur! ***

Collection de berceuses traditionnelles, interprétées par des artistes de chaque pays. Le livret contient les paroles traduites en anglais ainsi que des activités multiculturelles. Des versions instrumentales permettent de présenter des spectacles. Niveau : préscolaire à 3e année. En 11 différentes langues.

Healthy Habits^{MC}

*** Gagnant du prix du directeur! ***

Ces chansons et activités traitent de la nutrition, de la pyramide des aliments, de l'anatomie, de l'hygiène dentaire et de la sécurité. Les versions instrumentales permettent aux enfants de présenter leur propre spectacle. Le livret contient également des pages d'activités. En anglais.

Celebrate Seasons

Trousse d'activités et de chansons abordant des sujets comme l'automne, les conifères, la migration et l'hibernation, comment les animaux se préparent pour l'hiver, le printemps et le sirop d'érable, les fleurs et la pollinisation, les solstices et les équinoxes et comment les saisons sont différentes d'un endroit à l'autre. Le livret comprend des activités pouvant être menées en classe. En plus, la version instrumentale des 10 chansons est idéale pour les spectacles d'école. En anglais.

Celebrate Holidays

Trousse de chansons et d'activités sur l'Halloween, l'Action de grâce, Hanoukka, Noël, les célébrations du Jour de l'an, la Saint-Valentin, la Saint-Patrick et Pâques. Il y a aussi une chanson patriotique d'un anniversaire national. Le livre de paroles contient plus d'une douzaine d'activités. La trousse comprend également la version instrumentale des dix chansons. En anglais.

Pour vous aider à trouver un détaillant près de chez vous,
adressez-vous au 1-800-567-7733
Courrier électronique : sjordan@sara-jordan.com
Internet : www.sara-jordan.com